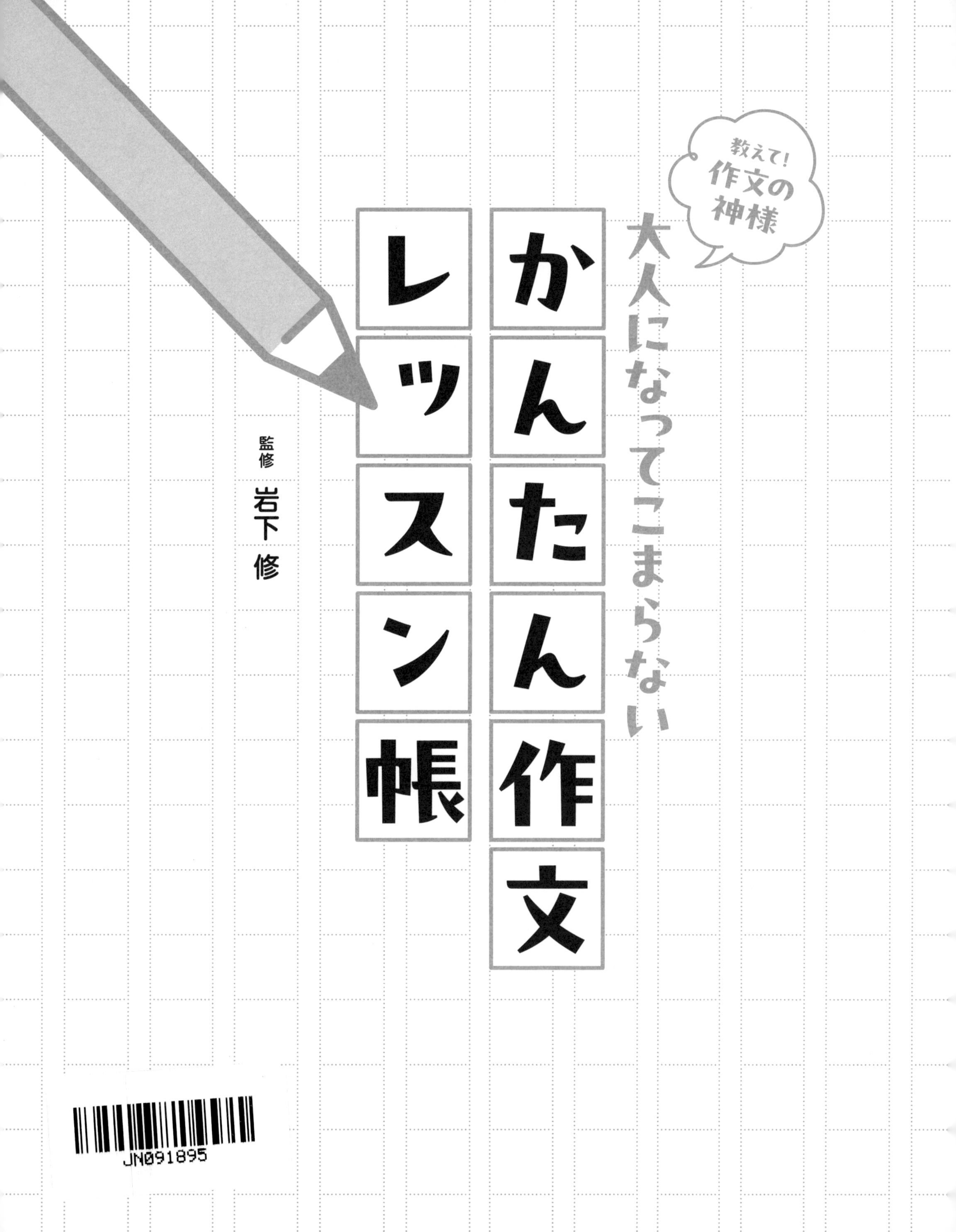
教えて！
作文の
神様
大人になってこまらない
かんたん作文
レッスン帳
監修
岩下 修

おうちの方へ

「話すように書きましょう。」では、作文は書けるようにはなりません。日本語は、「話し言葉の文法」と「書き言葉の文法」が違うからです。

本書のレベル一～レベル三では、「書き言葉の文法」を十五項目厳選して解説しました。指示通りに書き込んでいくことで、作文力の基礎を身につけることができます。

レベル四では、書き方の四つの型を紹介しました。

①「時間の流れにそって書く」説明的作文・時系列型

②「自分の見方・考え方を決めて書く」説明的作文・観点型

③「二つをくらべて意見を書く」説明的作文・二者択一型

※この型は、樋口裕一氏が提言されている指導方法を参考にしたものです

④「物語のように書いてみる」物語風作文の型

今、話題の四段落作文法です。それぞれ、モデル作文を元に説明しています。この四つの型は、社会に出てからも役に立つ一生ものです。②と③は、読書感想文を書くときの型としても活用できます。レベル五では②の型を使った感想文の書き方についてもくわしく解説しました。

作文の型を使い、作文を書き出してみましょう。「書き言葉の文法」が役に立つと思います。一文書くことで、次の一文が見えてきます。作文力だけでなく、思考力、探究力を身につけていくことができます。

国語授業クリエイター　岩下 修

おうちの方へ……2
この本の使い方……4

レベル1
長～い作文も、一つの文からはじまるよ……5
1 ことばとことばをくっつける……8
2 文と文をくっつけよう……10
3 あるとないでは大ちがい！……12
4 ねじれてしまう文に注意しよう……14
5 長～い一文を短くしよう……16
レベル1のまとめ……18

レベル2
人につたわる文を書くには……19
1 いつ、だれが、どこで、何を、どうしたかを書こう……22
2 見た目や聞こえる音、わかることを書こう……24
3 におい、味、温度、感じたことも書こう……26
4 数や名前を書こう……28
5 オノマトペを使ってみよう……30
レベル2のまとめ……32

レベル3
文の集まり、文章を書いていこう……33
1 「だ。」「である。」と「です。」「ます。」を使い分けよう……36
2 たとえを使って、イメージを広げよう……38
3 「　」を使って書いてみよう……40
4 文章のつながりを大事にしよう……42
5 内容を区切って段落を作ろう……44
レベル3のまとめ……46

レベル4
作文の四つの型を身につけよう……47
1 作文は四段落に分けて書こう……50
2 「時間の流れにそって書く」……52
3 「自分の見方・考え方を決めて書く」……58
4 「二つをくらべて意見を書く」……64
5 「物語のように書いてみる」……70
6 作文におすすめのテーマ……74
7 原稿用紙に書いてみよう……76
レベル4のまとめ……78

レベル5
読書感想文を書いてみよう……79
1 本を選ぼう……82
きみにおすすめの本チャート……84
2 読書感想文を書こう　その一……86
3 読書感想文を書こう　その二……90
タイトルをつけよう……94

来人

ふたごの兄。小学3年生。文を書くのはにがて。

ことは

ふたごの妹。小学3年生。文を書くのは大好きで、もっとうまくなりたい。

モッちゃん

来人とことはの家のねこ。作文はプロ級。かくしていたけれど、人のことばを話すことができる。

この本の使い方

おまけのワーク

自由に想像して答えを書く問題だよ。

※おまけのワークの解答はのっていないよ。

2 ワークにチャレンジしよう。直接この本に書きこんでね。

1 まずはここを読もう。

ステップアップしながら学ぼう！
レベル1からレベル5まであるよ。

レベル2 1

いつ、だれが、どこで、何を、どうしたかを書こう

一つの文の中で、「いつ」「だれ（何）が」「どこで（へ）」「何を」「どうした（する）」のかが書けていると、読む人にはっきりと内容がつたわります。

例 きのう わたしは 百円ショップへ ノートを 買いに行った。
日曜日に 姉が キッチンで チョコレートケーキを 作った。

ワーク1 次の文に、◇（いつ） ○（だれが） □（どこで） ▽（何を） ▢（どうした（する）） というように印をつけてみよう。

例 今朝、母は、リビングで新聞を見ていた。

① わたしは、きのう、学校で赤えんぴつを落とした。

② 明日、ぼくは、ゲーム機をデパートで買う。

ワーク2 絵に合う文を、「いつ」「だれが」「どこで」「何を」「どうした」に気をつけて書いてみよう。

① きのう、（　）がケージで（　）を生んだ。

② 日曜日、（　）が、ソファで（　）をかいていました。

おまけのワーク 絵に合う文を、「いつ」「だれが」「どこで」「何を」「どうした」に気をつけて書いてみよう。

※ワークの答えは二十五ページを見てね

P17 ワーク の答え 好きな給食のメニューを聞かれるとまよってしまう／けれど、わたしは焼きそばがいちばん好きで、にがてな野菜もいっぱい食べられるし、／あと、きなこのあげパンも大好きです。

ワーク の答え なりました しまいました ます そして

23　22

3 解けたら答え合わせをしよう。

別のページのワークの答えがのっているよ。

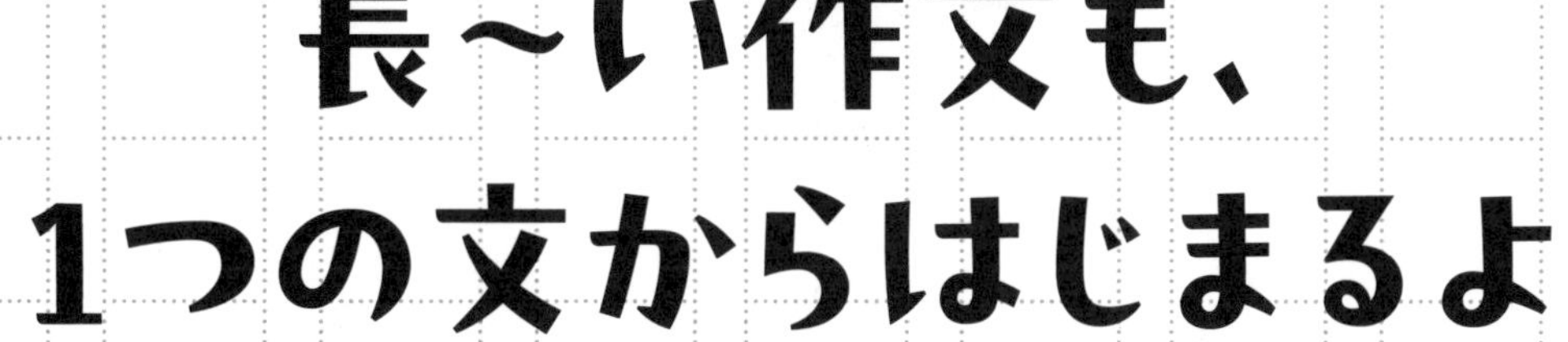

長～い作文も、
1つの文からはじまるよ

レベル
1

文を書くのが
好きな人も

とってもにがてな人も

まず、ここから
始めよう！
楽しいワークも
いっぱいにゃ

○月△日

ふみちゃんがかいたキャラの絵を

ほめてくれた。

「あくまの絵かわい～♡」って。

大好きだから見せてあげました。

明日楽しみ！

ぬっ……

文章は、読む人につたえたいことを書くものにゃ。

読むのが自分でも、他の人でも。

うちのモッちゃんしゃべってる…

ゴシゴシ

モッちゃん

ちょっとしたことで、意味がつたわらなくなったり、ちがう意味になったりするんにゃ。

そんなこと言われたらわたしもう書けないよ

だいじょうぶ！
うまく書けるようになるコツがあるんだけど……

知りたいかにゃ？

モッちゃん先生、よろしくお願いします！

レベル1

1

ことばとことばをくっつける

助詞（じょし）はことばの接着剤（せっちゃくざい）

だれかに何かをつたえたいとき、ことばをただならべただけではうまくつたわらないことがあります。たとえば、「犬、かわいい。」「花、買った。」「弟、手、にぎる。」でも、おおよその意味はわかります。でも、ことばとことばを接着剤（せっちゃくざい）のようにくっつける**助詞（じょし）**を使うと、より正しくつたわる文になります。

例（れい）

犬、かわいい。→犬はかわいい。

花、買った。→花を買った。

弟、手、にぎる。→弟の手をにぎる。

ワーク1　**次の文の［　］の助詞（じょし）で、正しい方に○をつけよう。**

① 星［に・が］かがやいている。

② 夏休み［に・の］泳いだ。

③ 動物園も水族館［や・も］好（す）き。

④ 友だち［から・ので］手紙が来た。

⑤ わたしは母［など・より］背（せ）が高い。

主な助詞（じょし）いろいろ

は　が　など

と　を　から

の　に　より

へ　や　でも

も　で　ので

か　まで

こそ　だけ

しか

ステップアップ！ ちがう助詞をくっつけると、別の意味に変わるよ！

例

犬はかわいい。→ 犬もかわいい。
犬の他にもかわいいものがいる意味に変わる

花を買った。→ 花だけ買った。
花の他には何も買わなかったという意味に変わる

プリンとアイスが好き。→ プリンよりアイスが好き。
アイスの方が好きになった！

弟の手をにぎる。→ 弟が手ににぎる。
弟が自分の手に何かをにぎっている意味に変わる

妹もおやつをねだる。→ 妹はおやつまでねだる。
何かの他におやつもねだったことになる

友だちが絵をほめた。→ 友だちの絵をほめた。
友だちがかいた絵をほめた意味に変わった

ワーク2 次の文の（　）に、ぴったりの助詞を［　］の中から選ぼう。

①日曜日にマフラー（　）完成させるね。

②足が痛かった（　）、体育を見学した。

③パン（　）ごはんでは、ごはんの方が好き。

④友だちからかりたマンガ（　）おもしろい。

⑤ポケット（　）消しゴムが入っていた。

［ と　ので　は　を　に ］

一つの助詞はいちどしか使えないよ

※ワークの答えは十一ページを見てね

文と文をくっつけよう

接続詞は文の接着剤

文の頭にくっついて、前の文とつなぐ接着剤のようなことばを**接続詞**といいます。接続詞は前の文と、あとにつづく文の関係を表します。接続詞がなくても意味はつたわりますが、使うと、よりわかりやすくつたわる文章になります。

例

こわい犬に追いかけられた。にげた。
↓こわい犬に追いかけられた。**だから**、にげた。

本を買いに来た。財布をわすれた。
↓本を買いに来た。**だが**、財布をわすれた。

彼は足が速い。将棋も強い。
↓彼は足が速い。**そのうえ**、将棋も強い。

高原の冬は寒くてつらい。夏はすずしくてよい。
↓高原の冬は寒くてつらい。**ぎゃくに**、夏はすずしくてよい。

明日あやまる。仲直りしたいから。
↓明日あやまる。**なぜなら**、仲直りしたいから。

天気がいいね。夕飯は何を食べよう。
↓天気がいいね。**ところで**、夕飯は何を食べよう。

主な接続詞いろいろ	
だから　したがって　すると それで　そこで	前の文が次の文の原因や理由になるとき
しかし　だが　でも　だけど けれど　ところが それなのに	前の文の内容から予想できることと反対のことを言うとき
また　しかも　そのうえ そして　おまけに　次に それから	前の文の内容につけくわえるとき
反対に　一方　ぎゃくに それに対して　それとも たしかに　そのかわり	前の文の内容とくらべて言うとき
たとえば　ちなみに　つまり なぜなら　ただし　すなわち	前の文の内容を説明・補足するとき
ところで　そういえば　さて それでは　では	前の文の内容と話題を変えるとき

ワーク1 次の文の□の接続詞で、正しい方に○をつけよう。

①部屋が暑かった。だが・だから、上着をぬいだ。

②わたしは両親の娘だ。そして・むしろ、弟の姉でもある。

③班が決まった。ただし・次に、班長を決めた。

④貯金箱が空だ。つまり・ぎゃくに、貯金がもうないのだ。

⑤犬が好きだ。したがって・ところで、君は何が好き。

ワーク2 次の文の（　）にぴったりの接続詞を□の中から選ぼう。

①絶対に勝ったと思った。（　　）、負けた。

②夕方には雪になった。（　　）、風も強くなった。

③中に入りましょう。（　　）、くつはぬいでね。

④遊園地に行こうか（　　）、映画館に行こうか。

それとも　ところが　しかも　ただし　つまり

一つの接続詞は一度しか使えないよ

※ワークの答えは十三ページを見てね

P8～9 ワーク1の答え ①が ②に ③も ④から ⑤より

ワーク2の答え ①を ②ので ③と ④は ⑤に

あるとないでは大ちがい！ 「、」のたいせつさ

日本語の文では、文の最後に「。」をつけます。文のとちゅうには「、」を使って読みやすくします。「。」のつけわすれや「、」を必要なところに入れないことによって、意味が正しくつたえられないこと、つたえたいことと全くちがう内容でつたわってしまうことがありますよ。

例

ここではきものをぬいでください。

↓ここで、はきものをぬいでください。
くつなどのはきものをぬぐ意味になる

↓ここでは、きものをぬいでください。
服などの着るものをぬぐ意味になる

あくまの絵かわいいねことりの絵も。

↓あ、くまの絵かわいいね、ことりの絵も。
くまの絵も、ことりの絵もかわいい

↓あくまの絵、かわいいねこ、とりの絵も。
悪魔の絵と、かわいいねこと、鳥の絵がある

ワーク

同じ番号の絵と合うように、文に「、」を一か所つけよう。

①

②

① きょうはいしゃに行く。

② わたしのねこのおもちゃ。

③

⑤

⑦

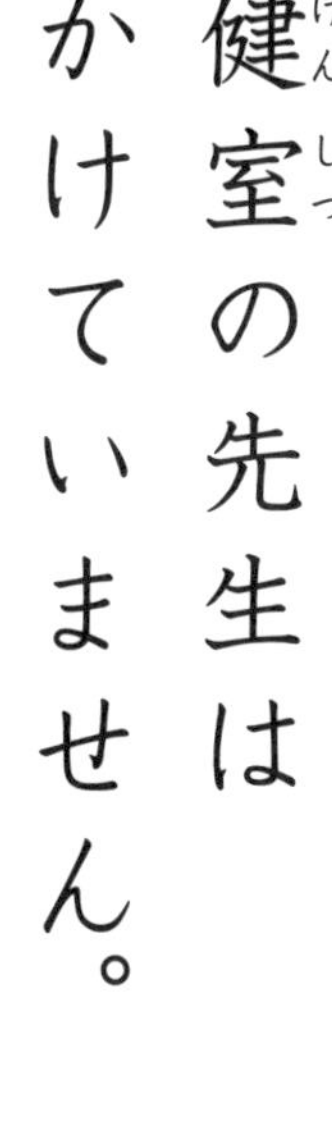

③ 保健室の先生は出かけていません。

④ お母さんと妹のプレゼントを買った。

⑤ この絵はなんかいもみたいね。

⑥ みんなはしらなかったんだ。

⑦ おれやすいやだ。

④

⑥

※ワークの答えは十五ページを見てね

P11 ワーク1の答え ① だから ② そして ③ 次に ④ つまり ⑤ ところで
ワーク2の答え ① ところが ② しかも ③ ただし ④ それとも

ねじれてしまう文に注意しよう

主語と述語をそろえる

文の中で「だれが（は）」「何が（は）」にあたることばを**主語**といいます。主語が「どう」なのか、「どうする」かなどを表しているのが**述語**です。主語と述語がかみ合っていないと意味がねじれてしまい、うまくつたわらなくなります。

例

太字は主語

緑色の文字はなんだかへん

スッキリ！

ねじれ文
わたしの学校の**よいところは**、広いグラウンドがあるからです。

← **ねじれていない文**
わたしの学校のよいところは、広いグラウンドがあるところです。

ねじれ文
わたしの**目標は**、コンクールで優勝します。

← **ねじれていない文**
わたしの目標は、コンクールで優勝することです。

ねじれ文
ライオンのオスが**ずるいと思う理由は**、メスにばかり狩りをさせます。

← **ねじれていない文**
ライオンのオスがずるいと思う理由は、メスにばかり狩りをさせるからです。

ねじれ文
わたしが**好きな授業は**、家庭科の調理実習をします。

← **ねじれていない文**
わたしが好きな授業は、家庭科の調理実習です。

ワーク1 次の文の□の述語で、ねじれ文にならない方に○をつけよう。

① わたしの長所は、やさしい［です・ところです］。

② 中学の部活でやりたいのは、テニス［です・をします］。

③ ぼくの夢は、パイロットに［なります・なることです］。

④ わたしの絵が、友だちに［ほめた・ほめられた］。

⑤ 姉が書いた小説が、雑誌に掲載［された・した］。

ワーク2 次の文がねじれ文にならないように、緑色の部分を変えてみよう。

① 音楽の時間が好きなのは、歌がうたえます。

② わたしは、料理をするときにエプロンをすることです。

③ あのアニメがおもしろいのは、魔法使いがドジです。

④ 父の日課は、朝ウォーキングする。

⑤ うちの犬は、動物病院で先生につめを切った。

※ワークの答えは十七ページを見てね

P12~13 ワーク の答え ① きょう、はいしゃに行く。 ② わたしのねこの、おもちゃ。 ③ 保健室の先生は出かけて、いません。 ④ お母さんと、妹のプレゼントを買った。 ⑤ この絵はなんか、いもみたいね。 ⑥みんなは、しらなかったんだ。 ⑦おれ、やすいやだ。

長〜い一文を短くしよう

短い文のすすめ

一文の中にたくさんのことをつめこむと、何が書いてあるのかわかりづらくなります。「一文で一つのことについて書く」と心がけると、つたわりやすい文になります。長い文は、できるだけ短く分けるようにしてみましょう。文と文のつなぎに、十ページでおぼえた接続詞も使ってみましょう。

長い一文

わたしのお気に入りは、大きなサメのぬいぐるみで、真っ赤な口にはギザギザの歯もついているけど、体と同じ布でできているからやわらかくて、手をつっこむとくすぐったいくらいで全然こわくなくてかわいいです。

短く分けた文

わたしのお気に入りは、大きなサメのぬいぐるみです。真っ赤な口にはギザギザの歯もついています。体と同じ布でできているからやわらかくて、手をつっこむとくすぐったいくらいです。全然こわくなくてかわいいです。

文を分けているよ

接続詞も付けた文

わたしのお気に入りは、大きなサメのぬいぐるみです。真っ赤な口にはギザギザの歯もついています。でも、体と同じ布でできているからやわらかくて、手をつっこむとくすぐったいくらいです。だから、全然こわくなくてかわいいです。

ワーク1 次の文を、四つの文に分けてみよう。切ったらいいなと思うところに／を入れよう。

好きな給食のメニューを聞かれるとまよってしまうけれど、わたしは焼きそばがいちばん好きで、にがてな野菜もいっぱい食べられるし、あと、きなこのあげパンも大好きです。

ワーク2 □の文を、四つの文に分けるために、（　）に入ることばを考えよう。

友だちが、ドイツに引っこすことになったと急に聞かされたので悲しくなり、「もっと早く教えてよ」とおこってしまったけれど、出発の日は空港に行って笑顔で見送ります。

友だちが、ドイツに引っこすことに（　　　）。急に聞かされたので悲しくなり、「もっと早く教えてよ」とおこって（　　　）。（　　　）。けれど、出発の日は空港に行き（　　　）、笑顔で見送ります。

※ワークの答えは二十三ページを見てね

P15 ワーク1の答え ①ところです ②です ③なることです ④ほめられた ⑤された
ワーク2の答え ①うたえるからです ②します ③だからです ④することだ ⑤切ってもらった（切られた）

レベル1のまとめ

1. ことばの接着剤「助詞」で、ことばとことばをくっつけよう。
2. 文の接着剤「接続詞」で、文と文をくっつけよう。
3. 「、」をつけて文を読みやすくしよう。
4. 「ねじれ文」に注意しよう。
5. １つの文はできるだけ短く書こう。

長い作文だって、一文の集まり。一文をしっかり書けることがいちばん大事にゃ！

○月△日

　ふみちゃんが、わたしのかいた絵本のキャラの絵をほめてくれた。

「あ、くまの絵うまい。かわい〜♡」って言ってくれた。

　このキャラ大好き。だから、もっとかいて見せてあげよう。

　明日が楽しみ！

人につたわる文を書くには

レベル 2

でも、人に
ちゃんとつたわれば
もっといい

作文には、自分が
書きたいことを書くのが
いちばん！

つたえるワザが
たくさんあるにゃ

おじいちゃんと
おばあちゃんに
手紙書いたー!!
見せて
見せてー!!

やっとできた〜
書け書けって
ママがうるさいんだよー
ふー
どれどれ

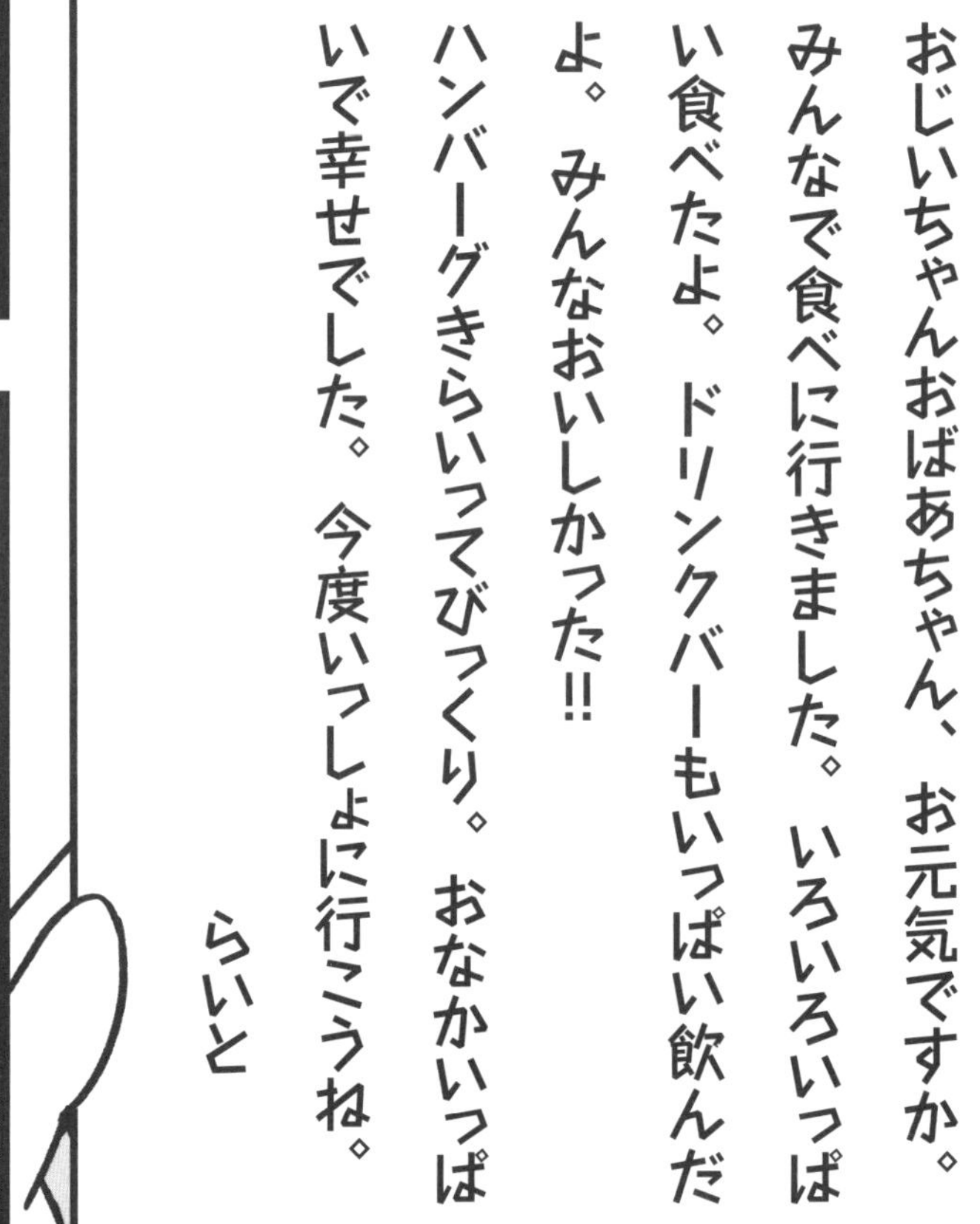
おじいちゃんおばあちゃん、お元気ですか。
みんなで食べに行きました。いろいろいっぱ
い食べたよ。ドリンクバーもいっぱい飲んだ
よ。みんなおいしかった!!
ハンバーグきらいってびっくり。おなかいっぱ
いで幸せでした。今度いっしょに行こうね。
らいと

……何
食べたの?
「ハンバーグ
きらい」って、
だれが?
何がおいし
かったのよ?
全部だよ

味やにおいは？どんな音がした？大きさや量は？他に食べたものは？

おどろいたのはなぜにゃ？

う〜ん…

ハンバーグはあつあつでいいにおいがしてジュウジュウ、パンケーキは三だんでフワッフワ……

それにゃ！体中で感じたことを、その場にいるみたいに書けると楽しいんにゃよ。書いている人も、読む人もね！

聞いてるだけで、おなかがすいてきちゃった！

だにゃ〜!!

いつ、だれが、どこで、何を、どうしたかを書こう

一つの文の中で、「いつ」「だれ（何）が」「どこで（へ）」「何を」「どうした（する）」のかが書けていると、読む人にはっきりと内容がつたわります。

例

（いつ）きのう （だれが）わたしは （どこで（へ））百円ショップへ （何を）ノートを （どうした）買いに行った。

（いつ）日曜日に （だれが）姉が （どこで）キッチンで （何を）チョコレートケーキを （どうした）作った。

ワーク1 次の文に、◇（いつ）○（だれが）□（どこで）▽（何を）▢（どうした（する））というように印をつけてみよう。

例

今朝 母は、リビングで 新聞を 見ていた。

◇今朝 ○母は、 □リビングで ▽新聞を ▢見ていた。

① わたしは、きのう、学校で 赤えんぴつを 落とした。

② 明日、ぼくは、ゲーム機を デパートで 買う。

ワーク2

絵に合う文を、「いつ」「だれが」「どこで」「何を」「どうした」に気をつけて書いてみよう。

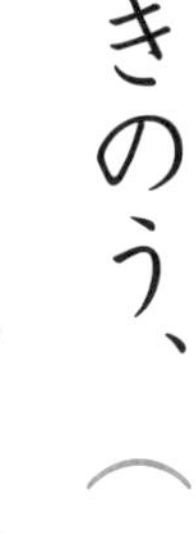

① きのう、（　　　　）が
ケージで（　　　　）を生んだ。

② 日曜日、（　　　　）が、ソファで
（　　　　）をかいていました。

おまけのワーク

絵に合う文を、「いつ」「だれが」「どこで」「何を」「どうした」に気をつけて書いてみよう。

※ワークの答えは二十五ページを見てね

P17 ワーク1の答え　好きな給食のメニューを聞かれるとまよってしまう／けれど、わたしは焼きそばがいちばん好きで、／にがてな野菜もいっぱい食べられるし、／あと、きなこのあげパンも大好きです。

ワーク2の答え　なりました　しまいました　ます　そして

レベル2

2 見た目や聞こえる音、わかることを書こう

修飾語(しゅうしょくご) その一

あることばをくわしく説明(せつめい)することばを修飾語(しゅうしょくご)といいます。修飾語(しゅうしょくご)を使って、つたえたい「こと・もの」のようすを書くと、読む人がイメージをうかべやすくなります。

例(れい)

かみの毛をリボンでむすんだ。　どんな色のリボン？

↓かみの毛を水色のリボンでむすんだ。

おばあさんの手は温かかった。　どんな手？

↓おばあさんのしわしわの手は温かかった。

雷(かみなり)の音がして、思わず耳をふさいだ。　どんな音？

↓バリバリドーンという雷(かみなり)の音がして、思わず耳をふさいだ。

給食(きゅうしょく)を予想する。　いつの給食(きゅうしょく)？

↓来月の給食(きゅうしょく)を予想する。

見たようすを
くわしく
書くんだね

ワーク1 絵を見てわかることを、くわしくつたえてみよう。

①

きのう買ったの

どんなT(ティー)シャツ？

① きのう、（　　　　）T(ティー)シャツを買った。

②

アツっ！

② レストランで（　　　）ハンバーグを食べた。

どんなハンバーグ？

ワーク2 太字のことばを、自由に想像して、くわしくつたえよう。

例

いちごを買った。

ヒント どんな色？ どんな形？

← 葉っぱがついた真っ赤ないちごを買った。大きくてぴかぴかしたいちごを買った。など

① **花火**を見た。

ヒント どんな色の花火？ 形は？

② **雲**がうかんでいる。

ヒント 雲の形は？ どのくらいの大きさ？

※ワークの答えは二十七ページを見てね

レベル2
3

におい、味、温度、感じたことも書こう

修飾語(しゅうしょくご) その二

ここでも修飾語(しゅうしょくご)を使って、「こと・もの」のようすをくわしく書いてみましょう。食べ物ならば、においや味、温かいか冷(つめ)たいか、動物にふれた体験(たいけん)なら、さわった感触(かんしょく)など、体中(からだじゅう)で感じたことを書きくわえることで、読んだ人に、よりイメージがつたわります。

例(れい)

うなぎの名店から、においがただよってきた。
↓ どんなにおい？
うなぎの名店から、**しょうゆだれのこうばしい**においがただよってきた。

おみやげにもらった明太子(めんたいこ)はからかった。
↓ どのくらいのからさ？
おみやげにもらった明太子(めんたいこ)は**舌(した)がしびれるくらい**からかった。

夏の高原には風がふいていた。
↓ どんな風？
夏の高原には**さわやかな**風がふいていた。

うさぎの毛に、思わずほおをおしつけてしまう。
↓ どんな毛？
うさぎの**ふわふわした**毛に、思わずほおをおしつけてしまう。

「さわやかな」みたいに、心で感じたことをつたえると文章がいきいきするにゃ

ワーク 1 **ふさわしい方を選(えら)んで丸をつけよう。**

① 冷蔵庫(れいぞうこ)に、大好(だいす)きな［あまい・あまそうだ］プリンがある。

② 新しいシャンプーの［よかった・よい］香(かお)りがした。

③ 冬の朝は　あたたかで・あたたかい　ふとんから出たくない。

④ 通学路で　きれいな・きれいで　羽を見つけた。

⑤ サイダーの　さわやかに・さわやかな　味が好きだ。

ワーク2 **太字のことばを、自由に想像して、くわしくつたえよう。**

例

ももを食べた。

ヒント　味やにおいは？　みずみずしさは？

あまくていいにおいのももを食べた。つめたく冷えたももを食べた。　など

① **芝生**にねころんだ。

ヒント　どんなにおいがする？　さわった感じは？

② **カレー**を食べた。

ヒント　どんな味？　熱さは？

※ワークの答えは二十九ページを見てね

P24～25　ワーク1の答え　① しましまの／横じまの／ボーダーの　など　② あつあつの／あつい　など
ワーク2の答え　① きくの花のような形の花火を見た。　など　② わたあめみたいな雲がうかんでいる。　など

レベル2 4

数や名前を書こう

文の中で何かの量や大きさをつたえたいときは、数を書いてみましょう。「たくさんのどんぐり」よりも、「百このどんぐり」の方が、イメージしやすいですよね。そして、できれば、名前も具体的に書いてみましょう。「花がさいた」と書くよりも、「チューリップがさいた」と書く方が、読む人につたわりやすい文になります。

公園でたくさんのどんぐりを拾った。

↓ 公園で**百こ**のどんぐりを拾った。

わたしの妹はまだ小さいです。

↓ わたしの妹はまだ**三さい**です。

春が来て、教室の前で花がさいた。

↓ 春が来て、教室の前で**チューリップの**花がさいた。

海水浴をしたときに、魚が泳いでいるのを見た。

↓ 海水浴をしたときに、**クマノミ**が泳いでいるのを見た。

お菓子はあと少ししかのこっていない。

↓ **クッキー**はあと**一まい**しかのこっていない。

弟は、わたしの背たけを追いこした。

↓ **一さい下の**弟は、わたしの背たけを**一センチ**追いこした。

物によって数え方はいろいろ	
本・ノート … 冊	鳥・うさぎ … 羽
紙など平らなもの … まい	大きな動物・ちょう … 頭
パソコン … 台	豆腐 … 丁
くつ・くつした … 足	タラコ … 腹
（食器の）はし … ぜん	魚 … 尾 または 匹
すし … 貫	ぶどう … 房
葉っぱ … 葉	テント … 張り

ワーク

同じ番号の絵と合うように、（　　）に数や名前を書いてみよう。

①

おすそわけだよ

ありがとう

③

②

④

① （　　）を（　　）もらった。
（くだものの名前は？）（くだものの数は？）

② 庭に（　　）の（　　）がさいている。
（花の数は？）（花の名前は？）

③ 筆箱に（　　）が（　　）入っている。
（文房具の名前は？）（文房具の数は？）

筆箱に（　　）の（　　）が入っている。
（文房具の数は？）（文房具の名前は？）

④ この池には（かも）が（　　）羽と（　　）が（　　）いる。

この池には（　　）羽の（かも）と（　　）の（　　）がいる。

※ワークの答えは三十一ページを見てね

P26～27 ワーク1の答え ① あまい ② よい ③ あたたかい ④ きれいな ⑤ さわやかな
ワーク2の答え ① ちくちくする芝生にねころんだ。 など ② 口から火が出るようなからいカレーを食べた。 など

レベル2

5 オノマトペを使ってみよう

「雨がふってきた。」という文では、どのくらい強い雨なのかがわかりません。「雨がザーザーふってきた。」や「雨がしとしとふってきた。」と書くと、どんな雨なのかがよくわかります。この「ザーザー」や「しとしと」のようなことばを**オノマトペ**とよびます。オノマトペを使って、読んだ人にイメージがわきやすい文章を書いてみましょう。

オノマトペには、実際に出る音や声ににせたものと、実際には音は出ないけれどそのようすをそれらしく表現したものがあります。

音

ザーザー
↓雨がザーザーふる

パリン
↓ガラスがパリンとわれる

ドンドン
↓たいこをドンドンたたく

どきどき
↓きんちょうしてむねがどきどきする

声

ワンワン
↓犬がワンワンほえる

げらげら
↓げらげらわらう

ぺちゃくちゃ
↓ぺちゃくちゃしゃべる

ようす

うろうろ
↓うろうろと歩き回る

ひらひら
↓ちょうがひらひら飛ぶ

ばたばた
↓足をばたばた動かす

きらきら
↓宝石がきらきら光る

つるつる
↓つるつるした岩

にこにこ
↓にこにこ笑う

うっとり
↓美しい声にうっとりする

いらいら
↓おこられていらいらする

ワーク　次の文の（　）にぴったり合う接続詞（せつぞくし）を、［　］の中から選（えら）ぼう。

①生まれたばかりのひよこが（　　）鳴いている。

②雷（かみなり）が（　　）鳴り始めたので、急いで家に帰った。

③かわいた土に、水が（　　）しみこむ。

④明日（あした）は待ちに待った遠足なので、（　　）している。

ゴロゴロ　わくわく　ピヨピヨ　ぐんぐん

おまけのワーク　次のオノマトペを使って、文章を書いてみよう。

①トントン

②はらはら

※ワークの答えは三十七ページを見てね

P29 ワーク の答え　① りんご・二こ　② 一輪（りん）・たんぽぽ　③ えんぴつ・三本（ぼん）、三本（ぼん）・えんぴつ
④ 二・かえる・三びき、　二・三びき・かえる

レベル2のまとめ

1. 「いつ」「だれ（何）が」「どこで（へ）」「何を」「どうした（する）」を書こう。
2. 形、色、音など、見たこと聞いたことを具体的に書こう。
3. においや味、温度、さわった感触など、感じたことを書こう。
4. 数や量、名前などを具体的に書こう。
5. 「オノマトペ」をうまく使おう。

この５つができると、自分が感じたことが読む人にビビーッとつたわる文になるにゃ！

手紙（20ページ）、書き直したんだけど、どうかな？

おじいちゃんおばあちゃん、お元気ですか。
きのう、家族みんなでレストランに行きました。
あつあつでジュウジュウいっていたハンバーグは
ソースがたっぷりかかっていたよ。
三だんもあるパンケーキはフワフワであま〜くて
すごくおいしかった。
となりの席の人たちが、
「ハンバーグきらい」って言っていて、
ぼくは大好きだからびっくりした！
おなかいっぱいで幸せでした。
今度はいっしょに行こうね。

らいと

ハンバーグがおいしそうで食べたくなってきた

文の集まり、文章を書いていこう

カケルくん、元気ですか？
こっちはみんな、元気です。カケルくんも
元気にがんばってください。このあいだ
ふみちゃんとしょうへいくんとタイフーン
コースター、モンスターマンションに乗っ
て楽しかったです。3人で遊園地に行きま
した。遊園地は、暑くてこんでいた。キャ
ラメル味のポップコーンは完食(かんしょく)しました。
美文町(みふみ)にまた来ますか？　ことは

すり〜
具体的な名前や何をしたかは書けているから、そのときの気持ちも書くといいにゃ。
「楽しかった」だけじゃダメか〜
ことははキャラメル味が好きなの？
カケルくんのお気に入りなんだ〜！だから食べてみたの
それそれ！
カケルくんに関係のあることをもっと書けば？
そうだにゃ。カケルくんへの手紙だから、カケルくんとの思い出も書くといいにゃ。
うん、書けそうな気がしてきた
もう一度やってみる！

「だ。」「である。」と「です。」「ます。」を使い分けよう

文の終わりを、「だ。」「である。」（常体）にするか、「です。」や「ます。」（敬体）にするかで、印象が変わります。「だ。」や「である。」は歯切れがよく、力強い印象に、「です。」や「ます。」はていねいな感じややさしい感じになります。一つの作文の中ではどちらかにそろえます。どちらにするかは、テーマやどういうふんいきにしたいかで選びましょう。

例

常体文 おいしいカレーライスが作れた。みんなに食べてもらいたいと思った。
↔
敬体文 おいしいカレーライスが作れました。みんなに食べてもらいたいと思いました。

常体文 わたしの好きな動物はトラである。しまもようがカッコイイからだ。
↔
敬体文 わたしの好きな動物はトラです。しまもようがカッコイイからです。

ワーク 1 **敬体文になるように――の部分を変えてみよう。**

① 祖母は今日で七十七さいだ。喜寿というそうだ。

② 毎朝牛乳を飲む。大きくなるためだ。

③ あみものがとくいだ。次は手ぶくろをあむ。

ワーク2 常体文になるように――の部分を変えてみよう。

① わたしは犬を飼っています。名前はシロです。

② 庭に花がさいています。そこへちょうがやって来ました。

③ ぼくは読書が好きです。毎週三冊読んでいます。

ワーク3 □の敬体文を、常体文にするために、（　）に入ることばを考えよう。

> ネコのために、水玉もようのクッションを選びました。気に入るかなとワクワクして観察しました。でもクッションには見向きもしません。すると、それが入っていたふくろに入り、落ち着いてしまいました。がっかりしました。

←

ネコのために、水玉もようのクッションを選（　　）。気に入るかなとワクワクして観察し（　　）。でもクッションには見向きもし（　　）。すると、それが入っていたふくろに入り、落ち着いてしま（　　）。がっかり（　　）。

※ワークの答えは三十九ページを見てね

P31 ワーク の答え ① ピヨピヨ ② ゴロゴロ ③ ぐんぐん ④ わくわく

たとえを使って、イメージを広げよう

あることを説明するときに、他のことばでたとえると、イメージがしやすいことがあります。「雨がふった」と書くよりも、「バケツをひっくり返したような雨がふった」と書くと、ものすごい量の雨がふったのだなとわかりますね。「〜のような（に）」「〜みたいな（に）」「まるで〜のような（に）」「〜のようだ」などの書き方で、たとえてみましょう。

例

夜空には、**メロンパンのように**丸い月がうかんでいる。

もみじのような小さな手。

海面がキラキラ光って、**まるでラメをちりばめたようだ**。

朝からずっと、**糸のように**細い雨がふっている。

そのとき友だちは、**きつねにつままれたような**顔をしていた。

お父さんのいびきは、**まるでかいじゅうの鳴き声のようだ**。

ワーク1 **つぎの文で、たとえの表現を○で囲もう。**

① 燃えるような夕焼けで、西の空が真っ赤だ。

② 母とわたしは、姉妹のように仲良しだ。

③ まるで鏡のようにしずかな湖面を見つめた。

ワーク2 次の文の（　）にあてはまることばを［　］の中から選ぼう。同じことばは一回しか使えないよ。

① その女性の手は（　　）白かった。

② 終わりのチャイムで（　　）走り去る鈴木くん。

③ 友だちへの疑いは（　　）なくなった。

④ おこられて、（　　）しょんぼりしている。

⑤ 叔母は、口は悪いが（　　）性格だ。

> 矢のように　すて犬のように　氷がとけるように
> まるで竹を割ったような　雪のように

ワーク3 太字のことばを、たとえてみよう。

① あの子の（　　）のような**笑顔**で教室が明るくなった。

② まるで（　　）のような**シュート**でゴールを決めた。

※ワークの答えは四十一ページを見てね

P36~37 ワーク1の答え ①です・です ②みます・です ③です・みます ワーク2の答え ①る・だ（である） ②る・た ③だ・る ワーク3の答え んだ・た・ない・った・した

レベル3

3

「」を使って書いてみよう

作文にだれかが言ったせりふなどの会話文を入れるときは、「」をつけます。会話文を入れると、よりいきいきとした臨場感あふれる作文になります。「」の使い方にはいくつかのルールがあるので、見ていきましょう。

ルール

- 会話文を書くときは改行し、次の行の一マス目に「を書きます。
- 会話文の最後は、句点と」を同じマスに書きます。そのつづきは改行します。
- 会話文のつづきの文は、次の行のいちばん上のマスから書きます。

※会話が短いときは、改行せず、「」だけつけるときもあります。

見本

するとなみちゃんが
「がんばって練習しよう。そうしたら、きっと勝てると思う。」
と、力強い声で言った。わたしは、そのこと

改行して一マス目に書く

空白にする

一マス目から書く

一つのマスに書く

ワーク **次の文章を、ルールにしたがって、正しく原稿用紙に書いてみよう。**

① 図書館でかりてきた本をつくえにならべてみた。「とってもたくさんかりたのね。」と、お母さんがおどろいて言った。

② 学校へ行くとちゅうで、鈴木くんと会った。いっしょに歩きながら、ぼくが、「今、何時かな。職員室によれるかな。」と言うと、鈴木くんは公園の時計を見て、「七時三十五分だ。よゆうだね。」とわらって教えてくれた。

※ワークの答えは九十六ページを見てね

P38〜39 ワーク1の答え ① 燃えるような ② 姉妹のように ③ まるで鏡のように

ワーク2の答え ① 雪のように ② 矢のように ③ 氷がとけるように ④ すて犬のように ⑤ まるで竹を割ったような

ワーク3の答え ① ひまわり、太陽 など ② 弾丸、矢 など

レベル3 4

文章のつながりを大事にしよう

作文では、文の順番も大切です。一つひとつの文章がわかりやすくても、正しい順番でならんでいないと、読む人にうまくつたわりません。できごとが起こった順番や、つたえたいことの順番を整理して文章を書いてみましょう。

例

1 えんがわでスイカを食べた。
2 夏休み、おばあちゃんの家へ行った。
3 「だいじょうぶ！」とわたしは答えた。
4 おばあちゃんがびっくりして、「おなか、痛くならない？」と言った。
5 気がついたら、まるまる半分食べていた。

↓

2 夏休み、おばあちゃんの家へ行った。
1 えんがわでスイカを食べた。
5 気がついたら、まるまる半分食べていた。
4 おばあちゃんがびっくりして、「おなか、痛くならない？」と言った。
3 「だいじょうぶ！」とわたしは答えた。

ワーク1 **文の順番を、つたわりやすいようにならべかえよう。**

①買う物はなんだったかなと、売り場の前でメモを見た。
②おつかいをたのまれてスーパーに行った。
③レジにならびながら、ロールキャベツを想像した。
④メモに書いてある、キャベツと三百グラムのひき肉をカゴに入れた。
⑤うれしくて、スキップしながら帰った。

ワーク2 **文の順番を、つたわりやすいようにならべかえよう。**

①台所に行くと、お父さんが赤い顔をして泣いていた。
②「うどんにとうがらしを入れすぎたからだよ」とお父さんは言った。
③わらってしまったけれど、ほっとした。
④わたしはびっくりして「どうしたの？」と聞いた。

※ワークの答えは四十五ページを見てね

内容を区切って段落を作ろう

長い文章を書くときは、ひとつづきに書いてしまうと、どこからどこまでが何について書かれている文章なのか、つたわりにくくなってしまいます。できごとや内容の切れ目で、いくつかのかたまりに区切ってみましょう。

この「できごとや内容で区切られた文章のかたまり」のことを**段落**といいます。段落のはじめは行を変えて、文の頭を一字分下げて書きます。

例

一字分下げる

段落が変わるところで行を変える

　わたしには、十個以上の宝物がある。その中で、とくにお気に入りのものを二つしょうかいする。

　一つ目は、わたしが生まれてはじめてもらったうさぎの人形だ。目がくりくりしていて、毛は少しぬけているけれど、ふわふわの部分

ワーク1 次の文章を、四つの段落に分けよう。段落を変えるところに ／ を入れよう。

ぼくがミニトマトのなえを観察してわかったことを書きます。一つ目は、葉のことです。全体に毛があって、トマトジュースみたいなにおいがしました。二つ目は、実のことです。赤くてつやつやしていました。もいでみると、トマトのにおいです。観察をして、葉も実も同じトマトのにおいがするんだなとわかりました。

ワーク2 ワーク1で四つの段落に区切った文章を、正しい書き方で書いてみよう。

※ワークの答えは九十六ページを見てね

P43 ワーク1の答え (② →) ① → ④ → ③ → ⑤
ワーク2の答え ① → ④ → ② → ③

レベル3の まとめ

1. 「である。」（常体）にするか「です。」（敬体）にするかは内容とふんいきに合わせて選ぼう。
2. 「〇〇のような」「まるで〇〇のような」などのたとえを使ってみよう。
3. 会話文には「　」を使ってみよう。
4. つたわりやすいように、文と文の順番を意識して書こう。
5. 文章をできごとや内容のまとまりで、段落に分けよう。

5つがマスターできたら、きみの文章は「読ませる文章」に近づいているにゃよ!

この手紙なら
もらって
うれしいな

カケルくんへ
　引っこして半年たったけど元気にしてる？

こっちは、ふみちゃんもしょうへいくんも、みんな元気だよ。

　4人で行った遊園地に、このあいだ3人で行ったんだ。

5月なのに夏のように暑かったけど、わたしたちは元気いっぱいで、カケルくんが大好きなタイフーンコースターやモンスターマンションにもバッチリ乗ったよ。しょうへいくんは、こわがって
「ヒエ〜〜〜！　ギョエ〜〜〜!!」

ってヘンな声出していたよ。

　カケルくんおすすめのキャラメル味のポップコーン、最高においしかった。

写真を見て、4人で遊んだことを思い出してくれたらうれしいな。

　美文町の近くに来たら、また遊ぼうね。元気でがんばってね。

ことは

手紙、
うまく
書けた!

レベル
4

作文に
型があるの？

この4つの型は
大人になっても
使えるにゃ

しかも4つも？

バッ

特別なことなんてなくても、毎日のちょっとした感動を書けばいいのよ

こんな感じで！

学校からの帰り道。花びらかと思ったけど、バラの細いえだを上っているてんとう虫だった。短い足で、緑色のかたいつぼみの先にトコトコ上っていった。わたしは友だちをおこらせちゃってしょんぼりしていた。見ているとたどり着いたとたん羽を開いて飛んでいった。てんとう虫の羽がキラッと光って見えなくなった。

明日の朝、友だちにあやまろう。重たい気持ちを運んでいってくれたてんとう虫ありがとう。

長い文章を書くときは、全体の組み立てが大切にゃ。何から書いて、どうつなぐとわかりやすくてカッコイイか。

レベル4

1

作文は四段落に分けて書こう

作文は、**四つの段落**に分けるととても書きやすくなります。四つに分けて書くことで、文章がダラダラと長くなったり、話があちこちにとんだりせず、何が言いたいのかつたわりやすい文章を書くことができます。四つの段落は次のように分けるとよいでしょう。

はじめの段落：**これから書こうとすることの短い説明**

なか1の段落：**書きたいこと　その一**

なか2の段落：**書きたいこと　その二**

まとめの段落：**なか1となか2の共通しているところや、考えたこと**

古くなっても大切に

三年　Kさん

わたしには、十個以上の宝物がある。その中で、とくにお気に入りのものを二つしょうかいする。

一つ目は、わたしが生まれてはじめてもらったうさぎの人形だ。目がくりくりしていて、毛は少しぬけているけれど、ふわふわの部分がたくさんある。専用の服もいくつかあって、服を自分で作ったこともある。かわいいので、大好きだ。

はじめ
これから書くこと

なか1
書きたいこと その1

二つ目は、わたしが小さいときに、引っこす前の家でおじいちゃんといっしょにとった写真だ。おじいちゃんはもういないので、顔はあまりおぼえていないけれど、絵がじょうずで、やさしかったと聞いている。

わたしには、小さいころの思い出がのこっている宝物が多くある。古くなっても大切にしたい。

なか2
書きたいこと
その2

まとめ
考えたこと

四つの段落にすることで、

考えを整理できる

読む人も読みやすい

なか1 と なか2 をまとめることで考えが深まる

にゃ

また、作文を書くときにおすすめの**型**が、四つあります。

① **時間の流れにそって書く型**……体験したことを、体験した順番にそって書く。

② **自分の見方・考え方を決めて書く型**……物事を見たり考えたりする観点を決めて書く。

③ **二つをくらべて意見を書く型**……二つの意見について、自分の考えや意見を書く。

④ **物語のように書いてみる型**……自分が体験したことを、会話などを入れて物語のように書く。この型の四段落は 起 承 転 結 で作る。

次のページから見ていこう！

「時間の流れにそって書く」

作文の四つの型 その一

一つ目の型は**時間の流れにそって書く型**です。この型の なか1 なか2 では、自分の体験したことの中から書きたいことを二つ選んで、それらをした順番に書きます。たとえば、遠足をテーマに書く場合、遠足で思い出にのこっていることを二つ選び、それが起こった順番に書いていきます。

この型では、次のように、四つの段落を作ります。

時間の流れにそって書く型の四段落

- はじめ **○○○をした。**……これから書こうとすることの短い説明
- なか1 まず、**Aをした。**……書きたいことのうち、はじめにしたこと
- なか2 次に、**Bをした。**……書きたいことのうち、次にしたこと
- まとめ **××だと思った。**……AとBをして思ったこと、わかったこと

【この型で書きやすいテーマ】

学校行事の思い出／旅行記／観察日記／料理・工作など何かを作った体験記　など

次の文章は、時間の流れにそって書く型で書かれた作文です。

おいしさのひみつは「あいじょう」

三年　Fさん

ぼくたち三年生は、五月十七日に社会科見学に行きました。場所は、給食のパンを作っている市内のパン工場です。

まず、工場の人の話を聞きました。工場の人たちは外からばいきんやごみが入らないように、工場へ入る前に白い制服に着がえてから、風がブワーッと出る部屋に三回も入ったり、きちんと手をあらったりして、衛生に気をつけているそうです。

次に、食パンが焼かれるところを見学しました。型に流しこまれたときネバネバしていたパン生地は、約三百度のオーブンに入れられて三十分もたつと、こうばしいにおいのする、雲みたいにふわふわした食パンに焼きあがっていました。

じっさいにパンが作られているところを見学して、工場の人たちがあいじょうをこめてパンを作っていることを知りました。だから、給食のパンはおいしいんだなと思いました。

はじめ　これから書くこと

なか1　書きたいことのうち、はじめにしたこと

なか2　書きたいことのうち、次にしたこと

まとめ　思ったこと　わかったこと

ワーク 遠足や社会科見学のことを、例を参考に書いてみよう。

はじめ これから書くこと

例

（これから書こうとすること）ぼくたち三年生は、五月十七日に社会科見学に行きました。（行った場所の説明）場所は、給食のパンを作っている市内のパン工場です。

一文字下げる　これから書こうとすること（「いつ」「どこへ」「だれと」が書けるとよい）

□わたしは、　　月　　日に　　　　に行きました。

行った場所の説明

場所は、　　　　です。

なか1 書きたいことのうち、はじめにしたこと

例

（書きたいことのうち、はじめにしたこと）まず、工場の人の話を聞きました。（したこと・見たこと・聞いたことのくわしい説明）工場の人たちは外からばいきんやごみが入らないように、工場へ入る前に白い（色）制服に着がえてから、風がブワーッ（オノマトペ）と出る部屋に三回（数字）も入ったり、きちんと手をあらったりして、衛生に気をつけているそうです。

一文字下げる　書きたいことのうち、はじめにしたこと

□まず、

したこと・見たこと・聞いたことのくわしい説明(せつめい)（おどろいたことや、きょうみを持ったこと　なども書けるといい）

なか1・なか2を書くときのポイント

- 一文目は、ずばり短く言いきろう。
- いつ、だれが、どこで、何を、どうしたかを意識(いしき)して書いてみよう。（二十二ページ）
- におい、味、温度、数や名前などを具体的(ぐたいてき)に書いてみよう。（二十六ページ～二十九ページ）
- オノマトペを使ってみよう。（三十ページ）
- たとえを使ってみよう。（三十八ページ）

なか2　書きたいことのうち、次にしたこと

例

書きたいことのうち、次にしたこと

次に、食パンが焼かれるところを見学しました。

したこと、見たこと、聞いたことの説明

型に流しこまれたとき

オノマトペ　ネバネバしていたパン生地は、約三百度（数字）のオーブンに入れられて三十分（数字）もたつと、こうばしいにおい（におい）のする、雲みたい（たとえ）にふわふわ（オノマトペ）した食パンに焼きあがっていました。

一文字下げる　書きたいことのうち、次にしたこと

□次に、　　をしました。

したこと・見たこと・聞いたことのくわしい説明（おどろいたことや、きょうみを持ったこと　なども書けるといい）

まとめ　思ったこと、わかったこと

例(れい)

じっさいにパンが作られているところを見学して、工場の人たちがあいじょうをこめてパンを作っていることを知りました。だから、給食(きゅうしょく)のパンはおいしいんだなと思いました。

思ったこと、わかったこと

一文字下げる　したことを短く説明(せつめい)する

□　をして、

思ったこと、わかったこと

※このワークには答えはないよ

「自分の見方・考え方を決めて書く」

作文の四つの型　その二

作文の二つめの型は、**自分の見方・考え方を決めて書く型**です。あるテーマについて二つ選び、なか1となか2にそれぞれ書いていきます。たとえば「好きなスポーツ」がテーマであれば、二つ選び、なか1に一つ目の好きなスポーツについて書きます。なか2にはもう一つの好きなスポーツについて書きます。

この型では、次のように、四つの段落を作ります。

自分の見方・考え方を決めて書く型の四段落

はじめ　○○について書く。……これから書くことの短い説明

なか1　一つめは、Aだ。……選んだこと・もの　その一

なか2　二つめは、Bだ。……選んだこと・もの　その二

まとめ　××と思った。……なか1となか2の共通点や、気づいたこと・考えたこと、読む人にいちばんつたえたい気持ち

【この型で書きやすいテーマ】

わたしの宝物／わたしの好きな場所／将来の夢／最近のニュースで気になったこと　など

次の文章は、自分の見方・考え方を決めて書く型で書かれた作文です。

ドッジボールとサッカー

三年　Yさん

ぼくの好きなスポーツを二つしょうかいします。

一つ目は、ドッジボールです。なぜなら、ぼくは、投げるのとキャッチするのがとくいだからです。キャッチしたときや、投げて、当てたときは、とても気持ちがいいです。しかも、ルールがかんたんなのですぐにおぼえられます。中休みはいつもドッジボールをしています。

二つ目はサッカーです。つい最近好きになりました。好きになったきっかけは、ワールドカップがおもしろかったことです。あと、体育でキックベースをして、友だちに上手と言われたからです。はじめたら、とても上手になりました。アフタースクールで、サッカーがあるのでやってみたいです。

作文を書いてみて、ぼくは球技がとくいということがわかりました。もっとドッジボールとサッカーを上手になって、他の球技にも挑戦したいです。

はじめ：これから書くこと

なか1：選んだこと・もの　その1

なか2：選んだこと・もの　その2

まとめ：考えたこと

ワーク　自分の好きなこと・ものについて、例を参考にしょうかいしよう。

はじめ　これから書くこと

例

これから書こうとすること

ぼくの好きなスポーツを二つしょうかいします。

一文字下げる

□わたしの好きな　　　　　を二つしょうかいします。

音楽、本、ゲーム、人、場所など、テーマはいろいろあるよ

なか1　選んだこと・もの　その一

この段落でしょうかいすること・もの

一つ目は、ドッジボールです。

どうして好き？

なぜなら、ぼくは、投げるのとキャッチするのがとくいだからです。

それをするとどんな気持ちになる？

キャッチしたときや、投げて、当てたときは、とても気持ちがいいです。

それはどんなスポーツ？

しかも、ルールがかんたんなのですぐにおぼえられます。

どんなときに楽しんでいる？

中休みはいつもドッジボールをしています。

一文字下げる　この段落でしょうかいすること・もの

□一つ目は　　　　　　　　　　　　です。なぜなら（それは）、

どうして好き？

好きになったきっかけは？　それをするとどんな気持ちになる？　それはどんなこと・もの？

どんなときに楽しんでいる？　または、これからどんなときに楽しみたい？

なか1・なか2を書くときのポイント

- 一文目は、ずばり短く言いきろう。
- だれが、どこで、何を、どうしたかを意識して書いてみよう。（二十二ページ）
- におい、味、温度、数や名前などを具体的に書いてみよう。（二十六ページ〜二十九ページ）
- オノマトペ（三十ページ）や、たとえを使ってみよう。（三十八ページ）
- 好きなものが一つだけの場合は、それについて、二つの視点から なか1 なか2 を書こう。

なか2　選んだこと・もの　その二

この段落でしょうかいすること・もの　いつ好きになった？

二つ目はサッカーです。つい最近好きになりました。

好きになったきっかけは？

好きになったきっかけは、ワールドカップがおもしろかったことです。あと、体育でキックベースをして、友だちに上手と言われたからです。

これからどんな風に楽しみたい？

はじめたら、とても上手になりました。アフタースクールで、サッカーがあるのでやってみたいです。

一文字下げる　この段落でしょうかいするもの・こと　いつ好きになった？

□二つ目は　　　　です。

好きになったきっかけは？　それをするとどんな気持ちになる？

これからどんな風に楽しみたい？　または、どんなときに楽しんでいる？

まとめ　考えたこと

例

なか1 なか2 の共通点、気づいたこと・考えたこと

作文を書いてみて、ぼくは球技がとくいということがわかりました。もっとドッジボールとサッカーを上手になって、他の球技にも挑戦したいです。

読む人につたえたい気持ち

一文字下げる

□作文を書いてみて、

なか1 なか2 の共通点、気づいたこと・考えたこと

読む人につたえたい気持ち

※このワークには答えはないよ

「二つをくらべて意見を書く」

作文の四つの型　その三

作文の三つめの型は、あるテーマについて**二つをくらべて意見を書く型**です。なか1 なか2 の二つの段落で、二つのことがらをくらべることで、自分の意見に説得力が生まれ、自分でも深く考えることができます。

この型では、次のように、四つの段落を作ります。

接続詞（十ページ）をうまく使うといいにゃ

二つをくらべて意見を書く型の四段落

はじめ	**AとBの、どちらがよいか考える。（AとBについて考える。）**	……これから書こうとすることの短い説明
なか1	たしかに**Aはよい。…だからだ。**	……Aもよい、Aがよい理由
なか2	しかし、**わたしは、Bがよいと考える。**なぜなら、…**だからだ。**	……しかし、自分はBがよいという意見の表明とその理由
まとめ	このように、**Bの方がよいと考えた。**（このように、**わたしは○○と思った。**）	……まとめとしてもう一度、自分はBがよいという意見の表明

※この型は、樋口裕一氏の「小論文指導法」を参考にしています。

【この型で書きやすいテーマ】

パンとご飯とどちらが好き？／体育は運動場がいい？　体育館がいい？／給食とおべんとうはどちらがいい？／新聞とネットニュース、どちらがより役に立つ？　など

次の文章は、二つをくらべて意見を書く型で書かれた作文です。

大切なことを教えてくれるまどさんの詩　三年　Nさん

文化フェスティバルで、まどみちおさんの詩を発表した。その中でもわたしが好きな、「いま」と「ぼくがここに」の詩について考えてみようと思う。

たしかに、「いま」も好きだ。自分が今ここに生きているということが強く感じられるからだ。また、この詩を読むことで、今という時の大切さがとても分かる。

しかし、わたしは、「ぼくがここに」の方が好きだ。なぜなら、この詩を読むと、ここにいることがとてもうれしくなり、同時に、もっと一生けんめいになろうというやる気が出てくるからだ。それに、なんだかこの詩を読んだ後はすっきりして、自分が好きになっている。そういう不思議なところも好きだ。

このように、わたしは「ぼくがここに」の方が好きだ。まどさんは、わたしに大切なことを教えてくれる詩を書く、すごい人だと思った。

はじめ
これから書くこと

なか１
Aもよい
Aがよい理由

なか２
Bがよいという
意見の表明と
その理由

まとめ
まとめとして
Bがよいという
意見の表明

ワーク 二つのことがらをくらべて、例を参考に自分の意見を書いてみよう。

はじめ これから書くこと

例

二つをくらべることになったきっかけ

文化フェスティバルで、まどみちおさんの詩を発表した。その中でもわたしが好きな、「いま」と「ぼくがここに」の詩について考えてみようと思う。

これから書こうとすること

一文字下げる　これから書こうとすること　音楽、本、ゲーム、人、場所など、テーマはいろいろある（二つをくらべることになったきっかけも書いてもいい）

□　と　のどちらが

か考える。

なか1 Aもよい、Aがよい理由

例

Aもよい

たしかに、「いま」も好きだ。

Aがよい理由　その一

自分が今ここに生きているということが強く感じられるからだ。

Aがよい理由　その二

また、この詩を読むことで、今という時の大切さがとても分かる。

一文字下げる　Aもよい

□たしかに　　　　　　　も

Aがよい理由　その一

　　　　　　　　　　　からだ。

Aがよい理由　その二

なか1・なか2を書くときのポイント

- 一文目は、「たしかに〇〇〇〇だ。」のように、ずばり短く言いきる。
- 二文目からは「(なぜなら)…からだ。」という形で、わかりやすく意見を書く。

自分はBだと思っていても、書いていくうちにAの方に考えが変わることもあるかもにゃ。書きながらじっくり考えていいにゃ

なか2 Bがよいという意見の表明とその理由

Aではなく Bがよいという意見の表明

しかし、わたしは、「ぼくがここに」の方が好きだ。

Bがよい理由 その一

なぜなら、この詩を読むと、ここにいることがとてもうれしくなり、同時に、もっと一生けんめいになろうというやる気が出てくるからだ。

Bがよい理由 その二

それに、なんだかこの詩を読んだ後はすっきりして、自分が好きになっている。そういう不思議なところも好きだ。

一文字下げる　Aではなく Bがよいという意見の表明

□しかし、わたしは　　　　の方が

Bがよい理由 その一

なぜなら

　　　　からだ。

Bがよい理由 その二

まとめ　まとめとして、Bがよいという意見の表明

例

まとめとして、Bがよいという意見の表明

このように、わたしは「ぼくがここに」の方が好きだ。

気づいたこと・考えたこと

まどさんは、わたしに大切なことを教えてくれる詩を書く、すごい人だと思った。

一文字下げる　まとめとしてもう一度、自分はBがよいという意見の表明

□このように、わたしは　　　　の方が

気づいたこと・考えたこと

※このワークには答えはないよ

「物語のように書いてみる」

作文の四つの型　その四

作文の四つめの型は、**物語のように書いてみる型**です。この型では「　」を使って、会話文をたくさん入れましょう。会話文を入れると、その場面の映像がいきいきとうかびます。最初の書き出しを会話文で始めるのもおすすめです。また、**三段落目に変化を入れる**ことで作文全体がもり上がります。

この型では、四つの段落は次の表のように「起」「承」「転」「結」で作ります。

物語のように書いてみる型の四段落

起　**話の始まり**……これから書こうとするできごとの始まり（時や場所を書くとよい）

承　**話のつづき**……「始まり」のつづき（話が少し進む）

転　**話の変化**……話が変わったり、もり上がったりする

結　**話の終わり**……他の人や自分の行動やことば、まわりのようす、自分の考え

転は大きなできごとじゃなくてもだいじょうぶ。心の動きやちょっとした変化を書けばいいのにゃ

【おすすめのテーマ】

運動会／朝の通学路で／友だちの引っこし／わすれられない思い出／わたしを変えたあのできごと　など

次の文章は、物語のように書いてみる型(かた)で書かれた作文です。

歩けイブ

三年　Aさん

「イブ、おさんぽだよ。」そう言って小屋を開ける。まず、ごはんをあげる。バクバク、ゴリゴリ食べる。

「よく食べるよねー、さあ行くよ。」だっこする。「重い。」フレンチブルドッグのイブは、二十キロくらいだ。

階段(かいだん)を転ばないようにおりる。げんかんで、首輪(くびわ)をつける。ドアを開け、さあ、出発だ。イブは、ぐいぐいと道路を歩く。わたしは、首につけたリードをぎゅっとにぎる。リードは、人間が犬の命を守る大切な道具だ。

イブは、少し歩いただけで、ハアハアという息づかいになった。イブは、今、十さい。人間だと七十さいだ。最近(さいきん)、歩こうとしなくなった。

「イブがいなくなるなんていや。」でも、かくごはしている。イブにとって幸せな時間をなるべく作ってあげたい。

「イブ、さあ、もう少し歩くよ。」

起　話の始まり
承(しょう)　話のつづき
転　話の変化(へんか)
結(けつ)　話の終わり

ワーク

絵に合うように、主人公になった気持ちで物語のように作文を書いてみよう。
他の友だちや先生、見ている人になった気持ちで書いてもいいよ。

起　話の始まり

プリンが1つあまってます。ほしい人いますか？

承　話のつづき

は〜い

一文字下げる

一文字下げる

ポイント

作文の一行目を「 」で始めるのがおすすめ。「 」は全体で三か所以上入れよう。

いつのできごとなのか具体的に書こう。

起から結までが十分以内のできごとを書くと、いきおいのある文章になるよ。

※このワークには答えはないよ

作文におすすめのテーマ

これまでにおぼえた四つの型を使って、作文を書いてみましょう。
それぞれの型を使って書くのに、おすすめのテーマをしょうかいします。

時間の流れにそって書く型

- 学校行事の思い出
  遠足／社会科見学／かるた大会／運動会／合唱コンクール など
- 夏休みの思い出
  海水浴／花火／旅行／お祭り など
- 旅行日記
- ○○を作ってみた
  料理／工作／お菓子 など
- はじめて○○を使ってみた
  タブレット／包丁／ミシン など

自分の見方・考え方にそって書く型

- わたしの好きな○○（一つ）
  本／教科／花／動物／歌／食べ物／学校の場所／歴史上の人物 など
- わたしの宝物（一つ）
- となりの席の子のしょうかい（一人）
- 今日びっくりしたこと（一つ）
- おもしろかったところ（一か所）
  テーマパーク／デパート／商店街 など
- 行ってみたい国（一つ）
- 行ってみたい世界遺産（一つ）

2つをくらべて意見を書く型

- どちらがよい?
  給食とおべんとう／運動場と体育館／リュックサックとランドセル など
- アニメを見てから原作のマンガを読む? マンガを読んでからアニメを見る?
- 夏と冬、どちらがすごしやすい?
- 二つあげて、どちらが好きか
  本／教科／花／動物／歌／食べ物／学校の場所／自然／歴史上の人物 など
- どちらの考え方に共感した?

物語のように書いてみる型

- 学校でのできごと
  教室で／○○の授業のとき／給食の時間／そうじのとき／行事で／通学路で など
- 家でのできごと
  朝／夕食のとき／おてつだいのとき など
- 季節を感じた瞬間
- けんかをしたとき
- だれかと気持ちが通じ合った瞬間

一つのテーマを、たくさんの型を使って書いてみても楽しいにゃ

原稿(げんこう)用紙に書いてみよう

原稿(げんこう)用紙の使い方

原稿(げんこう)用紙に作文を書くときは、いくつかの決まりがあります。決まりを守って書くと、読みやすく、わかりやすい作文に仕上がります。

例(れい)

題は2～3マスあけて入れる。

段落(だんらく)のはじめは1マスあける。

名前は、名字と名前の間と、名字のいちばん下を1マスあけて入れる。

　　学校の帰り道で

　　　　　　　　　　　村上　ことは

「花びらかな。」

公園のそばを通ったとき、花だんにある赤いものが目に入った。友だちとけんかして、しょんぼり歩いていた帰り道のことだ。

よく見たら、バラの細いえだを上っているてんとう虫だった。短い足でトコトコ上っていく。目がはなせない。

緑色のかたいつぼみの先まで来ると、羽を

＊先生・保護者の方へ　原稿用紙の使い方のルールは、教育機関によって異なることがあります。

パカッと開いて、いっしゅんで飛んでいった。
赤い羽がキラッと光って、あっという間に見
えなくなった。思わず
「飛ぶの、こわくないんだ。」
と、つぶやいていた。
　空を見上げてみたら、ついさっきより青く
見えた。てんとう虫はわたしの重たい気持ち
も運んでいってしまったみたいだ。
「うん、明日朝いちばんにあやまろう。」
わたしは家まで走って帰った。

会話文の「　」は行を変える。

段落のとちゅうのときは1マスあけない。

会話文の「　」のあとは改行する。

「、」「。」は行のいちばん上に入れずに最後の文字と同じマスに入れる。

いい感じに書けたにゃ

わ〜〜い!!

レベル4のまとめ

1. 作文は４つの段落で書こう。
2. 作文は４つの型のどれかを使って書こう。

> ▶ 時間の流れにそって書く 型
> ▶ 自分の見方·考え方を決めて書く 型
> ▶ 2つをくらべて意見を書く 型
> ▶ 物語のように書いてみる 型

3. 作文のテーマに合った型で書こう。
4. 原稿用紙の書き方をマスターしよう。

まずは型に合わせて
書いていくと、
ぐんぐん書けるように
なるにゃ！

型と段落のまとめ

型／段落	時間の流れにそって書く	自分の見方・考え方を決めて書く	2つをくらべて意見を書く	物語のように書いてみる
はじめ	書こうとすることの短い説明	書こうとすることの短い説明	書こうとすることの短い説明	起 話の始まり
なか1	はじめにしたこと	選んだこと・ものその1	Aもよい Aがよい理由	承 話のつづき
なか2	次にしたこと	選んだこと・ものその2	自分はBがよい Bがよい理由	転 話の変化
まとめ	思ったこと わかったこと	なか1となか2の共通点や、気づいたこと・考えたこと	まとめとして Bがよいと表明	結 話の終わり

読書感想文を書いてみよう

何を
書いていいのか
わからない～

感想文
にがてかも

レベル４で
知った型を使えば
楽勝にゃ

レベル
5

読書感想文の本、決まった？

うん、図書館でこれかりてきた

ちょっと見せて！

いいよ、魔法学校の話

ぼくもこれにしちゃおっかな〜、どれを選んでいいのか全然わかんないんだよね

たしかに、本ってたくさんあるから選ぶのも一苦労だよね

キョロキョロ

むずかしく考えることはないのにゃ〜。

ぴょん
本と出会うことを、もっと楽しむのにゃ。
ストン！
そりゃあ楽しめたらいいけど、どうやって？
そうあせるでにゃい、これからゆっくり教えるにゃ。
わたしは本は選べたけど、書くときのことで不安がいっぱい
まかせにゃさい。
読書感想文も作文にゃ。「型」を使えば、うまくまとめられるにゃ。
パアア～
お願いします、モッちゃんさま！

レベル5
1

本を選ぼう

書店や図書館には、たくさんの本がならんでいます。感想文を書くときに、どの本を選んだらいいのか、まよってしまうこともあるでしょう。本との出会い方には、どのようなものがあるのでしょうか。

課題図書から選ぶ

学校の先生や図書館などが、読書感想文を書くためにおすすめの本として選んだ「課題図書」から、さがしてみよう。

だれかにおすすめを聞いてみる

家族や友だち、学校の先生や図書館の司書さん、書店員さんなど、本好きの人に聞いてみよう。その人の好きな本を教えてもらうのもいいし、自分の好きなジャンルをつたえて、そのジャンルの中でおすすめの本を教えてもらうのもいいね。

表紙で選ぶ

書店や図書館に行って、表紙のふんいきが気になったものを手にとると、思わぬいい本に出会えることがあるよ。どんな本なんだろう？　ときょうみがわいたものでも、イラストがかわいい、写真がかっこいいと思ったものでもいいね。

どんな本があるの？

本は、内容によってさまざまなジャンルに分けられています。
感想文を書くときには**フィクション**といわれる、小説や物語を選ぶことが多いでしょう。
フィクションは、実際にあったできごとではなく、作家の想像によって書かれたものです。

冒険・ファンタジー …登場人物が冒険する小説や、魔法などが存在する架空の世界を舞台にした小説。

SF …サイエンス・フィクション。科学が進んだ未来を舞台にした小説。

推理・ミステリ …なんらかのなぞや事件が発生し、それを解決していく小説。

友だち・家族 …友だちや家族との関係性をテーマにえがいた小説。

怪談・ホラー …おばけや都市伝説の話など、読む人をこわがらせるために書かれた小説。

ノンフィクションと言われる、実際にあったできごとを書いた本もあります。
ある人物の一生、できごとの記録や記事、作家の考えなどがまとめられたものです。

伝記 …ある人の人生におけるさまざまなできごとや、なしとげたことをまとめた記録。

ドキュメンタリー …実際にあった事件などを記録した作品。

科学・生き物 …地球や宇宙、植物、動物、体のしくみなどについて書かれた作品。

読む本にまよったらやってみよう！

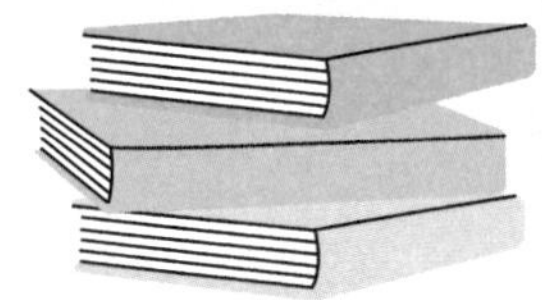

スタート

なれるならどっちがうれしい？
- ❶スポーツ万能(ばんのう) → 宿題は
- ❷成績優秀(せいせきゆうしゅう) → おこづかいを多めにもらったらどうする？

おこづかいを多めにもらったらどうする？
- ❶好(す)きなものを買う → 見た夢の内容は
- ❷貯金(ちょきん)する → 動物や昆虫は

動物や昆虫(こんちゅう)は
- ❶好(す)き → H
- ❷そうでもない → タイムマシーンで行くなら

宿題は
- ❶すぐやる派(は) → 霊や神様の存在を
- ❷あとでやる派(は) → 見た夢の内容は

見た夢(ゆめ)の内容(ないよう)は
- ❶わすれることが多い → おしゃれは
- ❷だいたいおぼえている → タイムマシーンで行くなら

タイムマシーンで行くなら
- ❶未来(みらい) → ゲームで遊ぶなら
- ❷過去(かこ) → C

霊(れい)や神様の存在(そんざい)を
- ❶信(しん)じていない → いつか旅行に行くなら
- ❷信(しん)じている → おしゃれは

おしゃれは
- ❶好(す)き → どれで遊ぶのが好き？
- ❷そうでもない → ゲームで遊ぶなら

ゲームで遊ぶなら
- ❶シューティングゲーム → テーマパークで乗るなら
- ❷シミュレーションゲーム → D
- ❸ロールプレイングゲーム → F

いつか旅行に行くなら
- ❶世界一周(いっしゅう)旅行 → G
- ❷月への旅行 → どれで遊ぶのが好き？

どれで遊ぶのが好(す)き？
- ❶ブロック → A
- ❷パズル → B
- ❸ボードゲーム → テーマパークで乗るなら

テーマパークで乗るなら
- ❶ジェットコースター → E
- ❷観覧車(かんらんしゃ) → F
- ❸宇宙(うちゅう)がテーマのアトラクション → D

H

C

D

F

E

B

A

G

チャートの結果はこちらでチェック！

G にたどりついたきみは

ドキュメンタリー

の本がぴったり！

集中力バツグンで勉強にも熱心なきみ。世の中の真実を追いもとめよう。

D にたどりついたきみは

SF

の本がぴったり！

常識にとらわれない自由な発想のきみ。だれも見たことのない世界をのぞこう。

A にたどりついたきみは

冒険・ファンタジー

の本がぴったり！

想像力が豊かなきみ。想像の羽を広げて、どきどきわくわくしちゃおう。

H にたどりついたきみは

科学・生き物

の本がぴったり！

これってなんだろう？ の答えをたくさん知りたいきみ。世界の不思議に近づこう。

E にたどりついたきみは

怪談・ホラー

の本がぴったり！

スリルが大好きで、こわいものも見たくなるきみ。好奇心をくすぐってくれるよ。

B にたどりついたきみは

推理・ミステリ

の本がぴったり！

冷静にものごとをとらえるきみ。主人公といっしょになぞ解きを楽しもう。

まよったときの参考にしてね！

本を手に取って、ビビッときたのを選ぶのもいいのにゃ

F にたどりついたきみは

友だち・家族

の本がぴったり！

毎日を大切にすごすきみ。友だちや家族の話を読んで大事な人たちに思いをはせよう。

C にたどりついたきみは

伝記

の本がぴったり！

しっかり者のきみ。偉人たちの人生を知って、自分の将来をイメージしよう。

読書感想文を書こう　その二

読書感想文も、**四段落に分けて書く**ことをおすすめします。五十八ページでおぼえた「自分の見方・考え方を決めて書く」型を使って、**心にのこった場面を二つしょうかいする**書き方をみていきましょう。

次のように、四つの段落を作ります。

心にのこった場面を二つしょうかいする書き方

はじめ
「〇〇」という本を読んだ。心にのこった場面を二つしょうかいする。
……これから書くことについての短い説明。本の題名や選んだ理由を書いてもいいし、どんな話なのか短く説明してもいい

なか1
一つ目は、…だ。なぜなら…だからだ。わたしは、…と思った。
……一つ目の、心にのこった場面の説明と、その場面を読んで思ったこと・感じたこと

なか2
二つ目は、…だ。なぜなら…だからだ。わたしは、…と思った。
……二つ目の、心にのこった場面の説明と、その場面を読んで思ったこと・感じたこと

まとめ
どちらの場面も、…だと思った。
……二つの場面に共通すること、全体を書いて気づいたこと、考えたことなど。作者がつたえたいことを考えて書くのもよい

次の文章は、「心にのこった場面を二つしょうかいする」パターンで書かれた作文です。

じさまの気持ち

三年　W君

わたしは「モチモチの木」を読んだ。心にのこった場面を二つしょうかいする。

一つ目は、豆太がじさまを助けようと、ふもとの医者様のところへ行く場面だ。豆太の行動がすさまじいと思った。いたい、寒い、こわいという気持ちがあったけれど、じさまが死んじまう方がもっとこわい。まだ、五才なのに、じさまのことを思って勇気を出した豆太はすごい。だから灯のついたモチモチの木を見ることができたんだ。

もう一つすきなのは、最後の場面だ。じさまが豆太に言うことばがおどろくほどすばらしい。「お前は、山の神様の祭りを見たんだ。勇気ある子どもだ。」と言ってくれる。豆太は、自分も勇気があることを知った。やさしさが大事だということも知った。

じさま自らのやさしい気持ちが書かれている。やさしさが大事だということを、作者は読者につたえたかったのだろう。

『モチモチの木』（斎藤隆介 作　滝平二郎 絵　岩崎書店 刊）を読んで

はじめ
これから書くことの説明

なか1
一つ目の心にのこった場面

なか2
二つ目の心にのこった場面

まとめ
考えたこと
わかったこと

ワーク

心にのこった場面を二つしょうかいする書き方で、感想文を書いてみよう。

はじめ

ヒント

- なんという本を読んだの？
- その本はどこで見つけた？
- どうしてその本を選んだの？
- この本はだれが何をして、どうなるお話？
- これから何について書くの？

なか1

ヒント

- 一つ目の心にのこった場面はどの場面？ 説明してみよう。
- どうしてその場面が心にのこったの？
- その場面を読んで何を感じた？

なか2

ヒント

- 二つ目の心にのこった場面はどの場面？　説明してみよう。
- どうしてその場面が心にのこったの？
- その場面を読んで何を感じた？

まとめ

ヒント

- 全体を書いてみて、気づいたことや、考えたことを書いてみよう。
- 二つの場面に共通することはなんだろう？
- この本を読む人に、作者がつたえたいことはなんだろう？

※このワークには答えはないよ

読書感想文を書こう　その二

二つ目は、「自分の見方・考え方を決めて書く」型を使って、一つの場面について なか1 なか2 でほり下げる、**心にのこった登場人物の行動と、自分の行動をくらべてみる書き方**をしょうかいします。

次のように、四つの段落を作ります。

心にのこった登場人物の行動と、自分の行動をくらべてみる書き方

はじめ
「○○」という本を読んだ。
心にのこった場面をしょうかいする。
……これから書くことについての短い説明（選んだ理由やあらすじを書いてもいい）

なか1
わたしの心にのこったのは、○○さんの行動である。○○さんは、…
……○○さんの行動の中で、心にのこったところ

なか2
わたしにも同じような体験がある。
それは、…
……○○さんの行動を読んで思い出した自分の行動や体験のことを書く

まとめ
○○さんは…で、わたしは…だ。
わたしはこれから、…したいと思う。
……心にのこった登場人物の行動と、自分の行動をくらべて気づいたこと（その二つの行動に共通すること／ちがい、登場人物の行動から学んだことなど）

例

次の文章は、「心にのこった登場人物の行動と、自分の行動をくらべてみる」書き方で書かれた作文です。

ポジティブに考えられる人に

五年　Y君

「風切るつばさ」を読んだ。仲間殺しの犯人にされ飛べなくなったクルルが、カララのおかげで自信を持ち飛べるようになった話だ。

心にのこったのはクルルだ。初め、仲間殺しの犯人に思われた。みんながきびしい言葉をぶつける中、クルルは何も言えなかった。そして、自信がなくなっていったが、友達のカララのおかげで立ち直り、自信を持てた。

わたしにも似たような体験がある。それは、先生におこられたときだ。準備していた時に先生が入ってきて、「おそい。」と言われたのだ。言い分はあったが、言えなかった。いやな気持ちがのこった。だから、友達に話した。少し気持ちをまぎらわしたかったからだ。でも、心にはまだわだかまりがのこっている。

わたしは心にわだかまりがのこったが、クルルはカララにより自信をつけた。このちがいから、クルルは物事を良いほうに考えられるようだ。わたしは、そのようにいやなことがあってもすぐに立ち直り、ポジティブに考えられる人になりたいと思う。

『風切る翼』（木村裕一 文　黒田征太郎 絵　講談社 刊）を読んで

はじめ
本の説明

なか1
心にのこった登場人物の行動

なか2
自分の行動

まとめ
登場人物と自分をくらべて気づいたこと

ワーク

「心にのこった登場人物の行動と、自分の行動をくらべてみる」書き方で、感想文を書いてみよう。

はじめ

ヒント

- なんという本を読んだの？
- その本はどこで見つけた？
- どうしてその本を選んだの？
- この本はだれが何をして、どうなるお話？
- これから何について書くの？

なか1

ヒント

- 心にのこったのは、だれの行動？
- その登場人物は、どんな人？
- 心にのこった行動について、この本を読んだことがない人にもつたわるように、くわしく書いてみよう。

なか2

まとめ

ヒント

なか1で書いた登場人物の行動で、自分のどんな行動や体験を思い出した？

そのときのことについて、くわしく説明してみよう。

できごとだけでなく、そのときの気持ちや考えたことなども書いてみよう。

ヒント

心にのこった登場人物の行動と自分の行動をくらべて、気づいたことや、考えたことを書いてみよう。

二つの行動に共通すること・ちがうことはなんだろう？

登場人物の行動から学んだことはある？

※このワークには答えはないよ

タイトルをつけよう

タイトルをつけるのにこまったことがあるかにゃ?
むずかしく考えなくていいにゃ。
コツは、4段落目の「まとめ」のことばを使うことにゃ。

この本に掲載されている作文のタイトルを見てみよう。

五十〜五十一ページの作文

まとめ
わたしには、小さいころの思い出がのこっている宝物が多くある。古くなっても大切にしたい。

タイトル
古くなっても大切に

六十五ページの作文

まとめ
まどさんは、わたしに大切なことを教えてくれる詩を書く、すごい人だと思った。

タイトル
大切なことを教えてくれるまどさんの詩

五十三ページの作文

まとめ
工場の人たちがあいじょうをこめてパンを作っていることを知りました。だから、給食のパンはおいしいんだなと思いました。

タイトル
おいしさのひみつは「あいじょう」

七十一ページの作文

まとめ
「イブ、さあ、もう少し歩くよ。」

タイトル
歩けイブ

最後のワーク

きみが書いた作文にタイトルをつけよう!

※このワークには答えはないよ

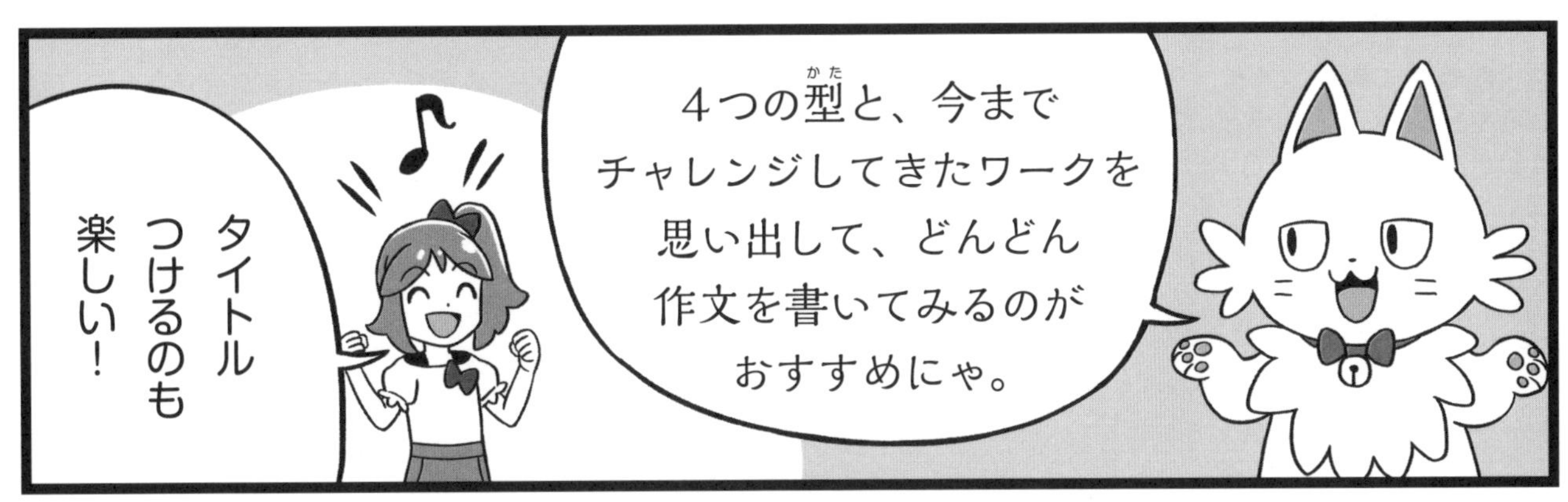

4つの型と、今までチャレンジしてきたワークを思い出して、どんどん作文を書いてみるのがおすすめにゃ。
タイトルつけるのも楽しい！

一つ文が書けると、もっと書きたくなるね。すごいや！モッちゃんのおかげだよ～!!
モッちゃんすごい！まるで作文の神様だね!!

上手な文章を読んだり写したりするのも、作文上達の近道！
作品集も参考にするといいにゃ。
たくさん読んでたくさん書こう！

監修　**岩下 修**（いわした おさむ）

名古屋市立小学校、立命館小学校、名進研小学校教諭を経て、国語授業クリエイター。日本言語技術教育学会理事。「岩下修の国語教室」を主宰。作文、音読、読解指導にあたる。各地の学校、研修会にて授業、講話を行なう。著書に『AさせたいならBと言え 心を動かす言葉の原則』『自学のシステムづくり』『岩下修の国語授業 書けない子をゼロにする作文指導の型と技』（以上すべて明治図書出版）、『作文の神様が教える スラスラ書ける作文マジック』（小学館）など多数。

マンガ・キャラクター
佐久間さのすけ（さくま さのすけ）

フリーイラストレーター。2013年から『ポケモンカードゲーム』にカードイラストで参加。児童向け書籍のイラストや、ゲームのキャラクターデザインも多く手がける。明るく、可愛く、元気のいいイラストが得意。

デザイン …………………… bookwall
DTP …………………… スタジオポルト
本文イラスト …………… ツナチナツ
作文(p53)・校正 ………… 武田ひろ子
チャート診断 ………… 生田目浩美。
編集 …………………… 株式会社 アルバ

大人になってこまらない
かんたん作文レッスン帳

初版発行　2024年6月

監修　岩下 修

マンガ・キャラクター　佐久間さのすけ

発行所 株式会社 金の星社
〒111-0056 東京都台東区小島1-4-3
電話 03-3861-1861（代表）
Fax 03-3861-1507
振替 00100-0-64678
ホームページ https://www.kinnohoshi.co.jp

印刷　広研印刷 株式会社

製本　株式会社 難波製本

96P　25.7cm　NDC816　ISBN978-4-323-07524-2 C8081

四十一ページ ワーク の答え

①
図書館でかりてきた本をつくえにならべてみた。

「とってもたくさんかりたのね。」

と、お母さんがおどろいて言った。

②
学校へ行くとちゅうで、鈴木くんと会った。いっしょに歩きながら、ぼくが、

「今、何時かな。職員室によれるかな。」

と言うと、鈴木くんは公園の時計を見て、

「七時三十五分だ。よゆうだね。」

とわらって教えてくれた。

四十五ページ ワーク1 の答え

ぼくがミニトマトのなえを観察（かんさつ）してわかったことを書きます。／一つ目は、葉のことです。全体に毛があって、トマトジュースみたいなにおいがしました。／二つ目は、実のことです。赤くてつやつやしていました。もいでみると、トマトのにおいです。／観察（かんさつ）をして、葉も実も同じトマトのにおいがするんだなとわかりました。

四十五ページ ワーク2 の答え

　ぼくがミニトマトのなえを観察してわかったことを書きます。

　一つ目は、葉のことです。全体に毛があって、トマトジュースみたいなにおいがしました。

　二つ目は、実のことです。赤くてつやつやしていました。もいでみると、トマトのにおいです。

　観察をして、葉も実も同じトマトのにおいがするんだなとわかりました。